I0751309

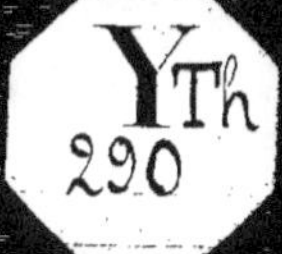
YTh
290

BABET

OU

LE DIPLOMATE EN FAMILLE

VAUDEVILLE EN UN ACTE

De M. VARNER (Ant.-François)

Représenté pour la première fois, à Paris, sur le théâtre du GYMNASE, le 11 Octobre 1849.

PERSONNAGES.	ACTEURS.
M. DE MONTMORIN, ambassadeur..........................	M. FERVILLE.
ANAIS, sa fille..	Mlles ARMANDE.
HORTENSE, sa nièce.......................................	MILA.
ÉDOUARD, jeune médecin...................................	M. CHARLES LINGUET.
BABET, jeune domestique..................................	Mlle ANNA CHÉRI.
ROBERT, valet de chambre.................................	M. VILLARS.

La scène se passe chez le comte de Montmorin.

S'adresser, pour la musique, à M. JUBIN, bibliothécaire et copiste, au Théâtre.

Un petit salon, porte au fond, portes latérales au deuxième plan; au premier plan, à gauche, un petit guéridon avec une corbeille à ouvrage; au premier plan, à droite, une table, bureau, fauteuils, etc.

SCENE PREMIERE.

HORTENSE, ANAIS, ÉDOUARD, BABET, ROBERT.

(*Au lever du rideau, Hortense et Anaïs sont occupées, l'une à faire de la tapisserie, l'autre de la broderie.*)

ÉDOUARD, *à la porte de droite et à la cantonade.*

Du calme, du repos, si c'est possible, voilà surtout ce que je recommande. (*Il entre et salue Hortense et Anaïs.*) Mesdemoiselles... (*Anaïs se lève, rend le salut sans lever les yeux, et se rassied.*)

HORTENSE, *se levant et s'avançant le sourire sur les lèvres.*

Monsieur Édouard, eh bien! comment va ma tante?

ÉDOUARD.

Oh! son état n'a rien d'alarmant... c'est une crise nerveuse, compliquée de migraine et de suffocations.

ANAÏS.

Elle aura été contrariée... un chapeau ou une robe qui allait mal... Il n'en faut pas davantage quand on a comme elle une organisation impressionnable.

ÉDOUARD.

Quoi! vous penseriez?..

ANAÏS, *tournant la tête.*

Oh! ce n'est qu'une supposition.

ÉDOUARD, *à part, regardant Anaïs.*

Elle ne m'a pas seulement regardé!

HORTENSE.

Au surplus, je suis tranquille, la maladie est en bonnes mains.

ÉDOUARD, *avec modestie.*

Mademoiselle!..

HORTENSE.

A cet égard-là, il n'y a qu'une voix. Oui, au dernier bal où nous sommes allées, c'était à qui ferait votre éloge, les dames surtout... « Vous « voyez ce jeune docteur, disaient-elles avec en- « thousiasme, c'est un de nos premiers médecins. « Il ne le cède à aucun pour la science! et cepen- « dant que de légèreté quand il valse!.. c'est un « savant accompli. »

Air: *l'Amour qu'Edmond.*

Voilà comme un grand nom se fonde;
Le siècle est des plus exigeants;

1849

Et, pour réussir dans le monde,
Il faut avoir tous les talents.
Un médecin, qui comprend le système
Que de nos jours le progrès consacra,
Doit en savoir plus qu'Hippocrate même...
Qui ne savait pas danser la polka.

ANAÏS, *à part, avec dépit.*

Des agaceries... des sourires... continuation de la scène d'hier.

ÉDOUARD, *à Hortense.*

Vous voulez vous amuser aux dépens de ma vanité.

HORTENSE.

Moi? Je n'invente pas, je répète.

ÉDOUARD, *à Anaïs.*

Je suis sûr que Mademoiselle n'a rien entendu de semblable.

ANAÏS, *un peu sèchement.*

Je n'entends jamais ce qui se dit autour de moi.

ÉDOUARD.

Pardon, Mademoiselle.

ANAÏS.

C'est vous, au contraire, qui devez m'excuser de ce que je ne sais rien, et vous le pouvez sans peine, puisque vous êtes si savant.

ÉDOUARD, *à mi-voix.*

Oh! non... car j'ignore même les torts que je puis avoir.

ANAÏS.

Qui vous parle de ça, bon Dieu! *(Elle lui tourne le dos.)*

HORTENSE, *à part, regardant Anaïs.*

Elle enrage!.. c'est bien fait... elle qui a été l'autre jour si coquette avec M. Frédéric!

ÉDOUARD, *à part, regardant Anaïs.*

Quel air de froideur et de dédain!

ANAÏS, *à part.*

Plutôt mourir que de lui adresser une parole.

ÉDOUARD, *à part.*

Ah!.. elle a résolu de me désespérer.

(Il salue et sort par le fond.)

ENSEMBLE.

Air du *Chevalier du Guet.*

ÉDOUARD.

Je m'abusais
Quand j'espérais
De son amour
Un doux retour.
Rêve trompeur!
Cruelle erreur!
Que de douleur
Remplit mon cœur.

ANAÏS.

Je m'abusais
Quand j'attendais
De son amour
Un doux retour!
Rêve trompeur!
Cruelle erreur!
Qui de fureur
Remplit mon cœur.

HORTENSE, *à part, montrant sa cousine.*

Un voile épais
Couvre ses traits,
C'est que l'amour
Est de retour.
Sous sa froideur
Perce l'aigreur,
Et la fureur
Remplit son cœur.

(Robert et Babet entrent par la gauche.)

HORTENSE.

Ce pauvre garçon!.. comme il a l'air triste et malheureux!

ANAÏS.

Il ne s'agit pas de lui, ma cousine, mais de mon père, qui d'un moment à l'autre va arriver de son ambassade... Je suis sûre que rien n'est disposé pour le recevoir. Puisque ma belle-mère est souffrante, c'est à nous d'y veiller.

HORTENSE.

Sois tranquille... Depuis ce matin Robert et Babet sont occupés à tout mettre en ordre.

ROBERT.

Oui, Mademoiselle, et j'espère que Monsieur...

ANAÏS.

Tâchez qu'il n'ait pas de reproches à vous faire. Vous savez que rien n'échappe à son coup-d'œil.

ROBERT.

Je crois bien!.. un regard d'aigle!.. il n'y a pas moyen de lui rien cacher... mais nous sommes tous bien tranquilles.

BABET.

Ah! oui.

HORTENSE, *à part.*

Pourvu qu'il ne s'aperçoive pas de mon trouble!

ANAÏS, *à part.*

Pourvu qu'il ne devine pas la cause secrète de mon dépit!

ROBERT, *à part.*

S'il venait à savoir que j'ai bu son vin!..

BABET, *à part.*

S'il découvrait que... Oh! mais non, c'est impossible.

ANAÏS.

Qu'est-ce que tu dis, Babet?

BABET, *cherchant à se remettre.*

Je crois que j'ai entendu quelque chose...

ANAÏS.

Quoi donc?

ROBERT.

En effet, une voiture s'est arrêtée devant le perron.

ANAÏS.

Plus de doute, c'est mon père!

HORTENSE.

C'est mon oncle!

ROBERT.

C'est Monsieur!

ANAÏS.

Je cours à sa rencontre. (*Elle sort en courant par le fond.*)

HORTENSE.

Je vais prévenir ma tante. (*Elle entre à droite.*)

SCENE II.

BABET, ROBERT.

ROBERT.

Voici l'instant décisif!.. Tu vas être présentée à M. le comte, le plus fin de nos diplomates!.. un homme qui a été chargé de rétablir l'équilibre de l'Europe!.. qui y travaille depuis vingt-cinq ans... qui y travaillera toujours!.. Tu dois être émue!

BABET.

Le fait est que j'ai une peur!..

ROBERT.

Il y a de quoi!.. quand on songe que Monsieur va goûter de ta cuisine...

BABET.

Après tout, il ne me mangera pas.

ROBERT.

Non... mais s'il déjeune mal, il aura de l'humeur. Les diplomates ont l'estomac très susceptible... c'est là que tout se porte.

BABET.

Eh bien?

ROBERT.

Il t'adressera des questions insidieuses... il est curieux... il a laissé ici une famille au grand complet... sa fille, sa nièce et une jeune femme qu'il a épousée en secondes noces, il y a dix-huit mois!

BABET.

C'est celle-là surtout qui l'inquiète.

ROBERT.

Pardine!.. il te demandera ce qu'elle faisait en son absence.

BABET.

Je lui répondrai : des toilettes magnifiques... c'est la vérité.

ROBERT.

Tu le fâcheras peut-être : il prétend qu'on le ruine en colifichets.

BABET.

Tiens!.. il a une jolie femme... et ce qui est beau coûte toujours cher.

ROBERT.

C'est juste.

BABET.

Ça devrait même un peu effrayer l'amoureux de mademoiselle Hortense... M. Frédéric.

ROBERT.

Ce jeune secrétaire d'ambassade qui *a fait* sous Monsieur *ses premières armes* dans un congrès où il s'est distingué... par son silence. Voilà deux jours qu'il n'est venu.

BABET.

Il y a entre eux un peu de brouille... c'est un raccommodement qui se mitonne.

ROBERT.

Ça doit être gentil!.. Dites donc, Babet, il me vient une idée... vous savez que je vous aime.

BABET.

Oui, pour passer le temps.

ROBERT.

Ah! c'est un mariage que je vous propose.

BABET.

Madame ne veut pas chez elle de bonne qui ait un mari.

ROBERT.

Oh! je suis sûre que Madame ne nous refuserait pas la permission.

BABET.

Je n'ai pas l'intention de la demander.

ROBERT.

Pourquoi?

BABET.

Parce que...

ROBERT.

Vous me cachez le motif réel?

BABET.

Vous croyez?

ROBERT.

Mais je le connaîtrai... tout ce qui se dit, tout ce qui se fait, tout ce qui se passe ici, il faut que je le sache.

BABET.

En vérité!

ROBERT.

Vous ne vous doutez pas de ce que vous refusez!

BABET.

Je sais que vous êtes bel homme, que vous avez de bons gages...

ROBERT.

Et le surplus qui vaut mieux.

BABET.

Comment cela?

ROBERT.

Il me semble que quand on gagne vingt francs par jour...

BABET.

Vous gagnez vingt francs par jour?

ROBERT.

Comme vous dites.

BABET.

Et depuis quand?

ROBERT.

A dater d'aujourd'hui, du retour de Monsieur.

BABET.

Je ne le croyais pas si généreux.

ROBERT.

Ce n'est pas lui qui paie.

BABET.

C'est toujours à ses dépens.

ROBERT.

Ça ne lui coûte pas un sou.

BABET, *étonnée.*

Voilà un mystère que vous m'expliquerez, n'est-ce pas?

ROBERT.

Je ne le dirai qu'à ma femme.

BABET.

Alors j'y renonce. Je ne peux pas être votre femme, monsieur Robert.

ROBERT.

Pourquoi?

BABET.

C'est mon secret... chacun le sien.

ROBERT.

Chut! J'entends M. le comte... Il était d'abord entré chez Madame.

SCENE III.

LES MÊMES, DE MONTMORIN, ANAIS.

DE MONTMORIN, *entrant par la droite.*

Que je suis donc contrarié que ma femme soit malade!

ANAÏS.

Votre présence va hâter sa guérison.

DE MONTMORIN.

Je ne sais trop... elle a des nerfs qui s'émotionnent si facilement!.. tu as vu, tout à l'heure, mon retour lui avait causé une agitation... J'ai dû la quitter... (*Apercevant Robert.*) Ah! c'est toi, Robert...

ROBERT, *s'inclinant.*

Monsieur le comte est bien bon de daigner m'apercevoir.

DE MONTMORIN, *à mi-voix.*

Parbleu! il me crève les yeux!..

ROBERT, *à Babet.*

Comme il a l'air fin!

BABET, *à mi-voix.*

Je n'ose pas le regarder.

ROBERT, *de même.*

Tâche de te remettre.

DE MONTMORIN.

Où est donc Jérôme, le cuisinier?

ROBERT.

Il est malade. Il a failli être victime de son amour pour le progrès.

DE MONTMORIN.

Comment cela?

ROBERT.

Il avait inventé, à l'usage des dîners diplomatiques, un nouveau plat. On l'a essayé, on l'a trouvé excellent... mais...

Air : *Postillons.*

On accusait ce mets extraordinaire
D'être un peu lourd... il ne put le souffrir.
Se dévouant pour prouver le contraire,
Il en mangea tant... qu'il pensa mourir.

DE MONTMORIN.

De sa cuisine il fut ainsi martyr!
Son dévoûment pour une telle cause,
Méritait mieux... dans cette occasion
L'injuste sort lui devait autre chose
Qu'une indigestion.

Mais, de nos jours, voilà comme le dévoûment est récompensé.

ANAÏS.

Il a envoyé à sa place sa nièce Babet, que voici... une de ses élèves.

DE MONTMORIN, *se retournant.*

Ah! ah!

ROBERT, *bas à Babet.*

Salue donc!

DE MONTMORIN.

Eh bien... qu'on me fasse à déjeuner! (*Il se met à causer à voix basse avec Anaïs.*)

ROBERT, *à mi-voix, à Babet.*

Tu as entendu?

BABET, *troublée.*

Je n'ai pas compris.

ROBERT, *à mi-voix.*

Il demande à déjeuner.

BABET, *toujours troublée.*

Ah! mon Dieu!

ROBERT.

Quel vin faudra-t-il servir à Monsieur?

DE MONTMORIN.

Celui que j'ai l'habitude de boire, du johannisberg.

ROBERT, *avec hésitation.*

C'est qu'il n'y en a plus.

DE MONTMORIN.

Comment il n'y en a plus? j'en avais laissé une provision.

ROBERT.

Vous croyez, Monseigneur?

DE MONTMORIN.

Si je le crois!.. (*A mi-voix.*) Le drôle sait mieux que moi combien il y en avait de bouteilles!.. (*Haut.*) Un vin si rare, qui n'existe pas dans le commerce!

ROBERT.

Oh! je sais où Monsieur en trouvera de tout pareil.

DE MONTMORIN.

Oui-dà?

ANAÏS.

Alors, on pourrait...

DE MONTMORIN.

Air : *Tenez, moi, je suis un bonhomme.*

Non, cela n'est pas nécessaire.

ROBERT.

Mais alors...

DE MONTMORIN.

Tu m'apporteras
Du bordeaux... c'est lui, d'ordinaire,
Que nous buvons à nos repas.

ROBERT, *à mi-voix.*

C'est sans doute ce vin qui donne
Aux diplomates brévetés
Cette sincérité... gasconne
Qui brille dans tous les traités.

ANAÏS.

Eh bien! Robert!..

ROBERT.

Eh bien! Babet. (*Robert et Babet sortent.*)

SCENE IV.

DE MONTMORIN, ANAIS.

DE MONTMORIN.

Qu'il est doux, après plusieurs mois d'absence, de se trouver ainsi chez soi, loin du tracas et de l'ennui des affaires, au milieu de sa famille!

ANAÏS.

Ce repos vous est bien dû après vos services, vos fatigues... après le succès de ces négociations, où vous avez, dit-on, déployé tant de talent et d'adresse.

DE MONTMORIN.

On dit cela?.. Tant mieux!.. En général, nous autres diplomates, nous avons besoin de ne pas être vus de trop près... C'est la perspective qui nous grandit. On nous suppose toujours pourvus d'expédients... de ruses et de finesses... Eh! mon Dieu! il y a quelqu'un qui a plus d'esprit que nous tous, c'est le hasard... c'est lui qui, les trois quarts du temps, nous tire d'affaire... à lui seul, il arrange, il décide, il fait tout... et l'on ne fait rien pour lui... sauf quelques décorations que l'on distribue... au hasard...

ANAÏS.

J'espère que vous allez laisser de côté la politique!

DE MONTMORIN.

Certainement. (*Tirant de sa poche plusieurs dépêches encore cachetées.*) Voilà des dépêches qui ont voyagé avec moi toutes cachetées, elles attendront... je ne veux pas y jeter les yeux de huit jours... (*Tirant de nouveaux papiers de ses poches.*) Débarrassons-nous de ces papiers!.. (*Il se dirige vers le bureau et ouvre un des tiroirs.*) Ah! mais que je sache où les retrouver!.. (*Il ouvre.*) Tiens, nous allons faire de la place dans ce tiroir...

ANAÏS.

Ah! mon père, la jolie robe de bal que vous avez rapportée!..

DE MONTMORIN, *se retournant.*

Tu l'as vue?.. c'est du point d'Angleterre... ça s'est trouvé par hasard dans mes bagages... et comme la douane ne les visite pas...

ANAÏS.

Qu'est-ce que vous en comptez faire?..

DE MONTMORIN.

Je la destine à ta cousine.

ANAÏS.

Oh! mon père, je vous en prie, vous lui donnerez autre chose... mais que cette robe soit pour moi...

DE MONTMORIN, *serrant ses lettres, et bouleversant les papiers du bureau.*

Vraiment... tu y tiens?..

ANAÏS.

Plus que je ne saurais vous dire.

DE MONTMORIN.

Eh bien! je te la donne.

ANAÏS.

Ah! merci! merci mille fois!..

DE MONTMORIN, *à part, ramassant un papier qu'il a fait tomber du secrétaire.*

Qu'est-ce que c'est donc que ça?..

ANAÏS, *à part.*

Je ferai voir à Hortense que je suis la fille du maître de la maison!..

DE MONTMORIN, *à part.*

Pas d'adresse... pas de signature... (*Lisant, à mi-voix.*) « Partir au point du jour, c'est bien « dur... et puisqu'on ne peut se voir que la nuit, « arrange-toi pour que je puisse revenir ce soir. » (*S'interrompant.*) Hein?.. (*Lisant.*) « ou demain, « dans l'après-midi, si le retour de M. l'ambas- « sadeur n'y met pas obstacle... Tu sais com- « ment tu dois m'avertir. »

ANAÏS, *sans se retourner.*

Est-ce que vous n'avez pas encore fini, mon père?..

DE MONTMORIN.

Si... je viens d'achever!.. (*A part.*) Une pareille lettre... c'est étrange!.. De qui vient-elle?.. à qui était-elle adressée?..

ANAÏS.

Qu'est-ce que vous avez donc?..

DE MONTMORIN.

Moi?.. rien...

ANAÏS.

Je vous trouve l'air soucieux.

DE MONTMORIN, *s'efforçant de sourire.*

Au contraire... je suis très content, très gai... (*A part.*) Diable de lettre!..

SCENE V.

LES MÊMES, HORTENSE.

HORTENSE.

Ah! mon oncle, que vous êtes aimable d'avoir

pensé à moi!.. Ma tante vient de m'apprendre que vous m'aviez rapporté la plus jolie robe...

DE MONTMORIN.

Comment!.. elle t'a dit?..

ANAÏS.

Ma belle-mère s'est trompée, Mademoiselle; car c'est à moi que mon père en fait cadeau!

HORTENSE.

Ah! c'est à vous?..

DE MONTMORIN.

Oui, mon enfant... Anaïs m'a demandé cette robe... et...

HORTENSE.

Eh bien! elle ne l'aura pas, car ma tante la garde pour elle!..

ANAÏS.

Par exemple!..

HORTENSE.

Elle la désirait... et je me suis empressée de la lui céder.

ANAÏS.

Je ne le souffrirai pas. Vous m'avez donné cette robe et je la garde!..

DE MONTMORIN.

Mon Dieu! laissons pour le moment ce débat!..

ANAÏS.

Soit, mon père, si vous l'exigez.

HORTENSE.

Sauf à le reprendre plus tard.

DE MONTMORIN.

Encore!.. (*Les interrogeant du regard.*) Dites-moi, qui est-ce qui écrit à ce bureau?

ANAÏS.

Depuis quelques jours, c'est moi qui fais là toutes les écritures...

DE MONTMORIN, *à part.*

Serait-ce ma fille?

HORTENSE.

Du tout, Mademoiselle... hier, c'est encore moi qui ai réglé là les comptes de la maison. (*Anaïs lève les épaules.*)

DE MONTMORIN, *à part.*

Serait-ce ma nièce?

ANAÏS.

Je prouverai ce que j'avance...

HORTENSE.

Je vous prie de ne pas croire...

DE MONTMORIN.

Assez, Mesdemoiselles!.. Enfin, à qui appartient ce bureau?

HORTENSE.

C'est celui de ma tante.

ANAÏS.

C'est celui de ma belle-mère.

DE MONTMORIN, *à part.*

Serait-ce ma femme?

HORTENSE.

Comme il paraît agité!

DE MONTMORIN, *à part.*

Diable de lettre!

ANAÏS.

Qu'avez-vous donc, mon père?

DE MONTMORIN.

Que veux-tu que j'aie?.. je n'ai rien (*Se ravisant.*) Si!.. j'ai faim... une faim horrible! (*Robert et Babet entrent du fond, apportant une table servie.*)

ANAÏS.

Justement on vous apporte à déjeuner.

DE MONTMORIN.

C'est fort heureux... j'en suis ravi... laissez-moi toutes les deux.

HORTENSE, *elle sort par la droite.*

Oui, mon oncle.

ANAÏS, *sortant par la gauche.*

Décidément, il a quelque chose.

SCENE VI.

DE MONTMORIN, ROBERT ET BABET.

DE MONTMORIN.

Maudite lettre!... et ne pas avoir le moindre indice!

ROBERT.

Monsieur est servi.

DE MONTMORIN.

C'est bon... (*A part, se promenant.*) Il faut y mettre de la prudence, de l'adresse... il faut tâcher...

ROBERT.

Monsieur est servi.

DE MONTMORIN.

J'ai bien entendu... il est inutile que tu me le répètes...

ROBERT.

C'est que tout va refroidir.

DE MONTMORIN.

Ça me regarde... va-t-en, je n'ai pas besoin de toi, il suffit que Babet reste. (*Il se dirige vers la table.*)

ROBERT.

Babet?..

DE MONTMORIN.

Oui!.. Babet!..

ROBERT, *saluant.*

Oui, monsieur le comte... (*A mi-voix, à Babet.*) A toi la corvée! (*Il sort.*)

BABET, *à part.*

Il m'abandonne! comment donc que je m'en vas faire?..

DE MONTMORIN, *à part, se mettant à table.*

Ce gaillard-là se serait aperçu de mon trouble.. au moins celle-ci...

BABET, *à part.*

Dieu! que le cœur me bat!

DE MONTMORIN.

Babet!

BABET, *à part.*

Ah! mon Dieu!

DE MONTMORIN.

Donne-moi des épinards.

BABET, *troublée.*

Je ne comprends pas.

DE MONTMORIN, *élevant la voix.*

Je te demande des épinards!

BABET, *s'empressant avec gaucherie.*

Oui, Monsieur. (*Elle lui présente un poulet.*)

DE MONTMORIN.

Est-ce que tu as perdu la tête?

BABET.

Pardon... c'est que vous m'intimidez.

DE MONTMORIN.

J'aurai plus tôt fait de me servir moi-même. (*Il puise avec sa cuillère dans quatre plats différents et dépose sur son assiette ce qu'il a pris.*)

BABET, *à part.*

Ah çà, il n'y regarde pas, il mêle tout... il confond tout... j'avais bien ouï dire que ces messieurs étaient un peu brouillons... mais je ne croyais pas que ce fût à ce point-là!

DE MONTMORIN, *après avoir porté plusieurs fois sa cuillère à ses lèvres.*

Décidément, il m'est impossible de manger.

BABET, *à part.*

Ce n'est pas étonnant, un pareil ragoût!

DE MONTMORIN, *levant son verre.*

Maudite lettre!.. j'étouffe!.. donne-moi à boire.

BABET.

Oui, Monsieur... (*Prenant la bouteille.*) Votre verre est plein!

DE MONTMORIN.

C'est juste. (*Il replace son verre sur la table.*)

BABET, *à part.*

Comment! il ne boit pas?.. il ne mange pas?..

Air de *Mazaniello.*

D'vant des mets qu'ont bien leur mérite,
Et d'vant des vins du meilleur cru,
Il n' se décid' pas... il hésite...
Lui, que j' croyais si résolu!
Et lorsque vient, dans cette affaire,
L' moment d'agir avec vigueur,
Il ne sait pas ce qu'il doit faire!..
J' commence à n' plus en avoir peur.

DE MONTMORIN, *à part.*

Si j'interrogeais cette petite?.. ça doit être naïf et sans détour.

BABET, *de même.*

Qu'est-ce qu'il dit?

DE MONTMORIN.

Babet!..

BABET, *s'approchant.*

Monsieur.

DE MONTMORIN.

Depuis quand es-tu ici?

BABET.

Vous le savez bien... il y a trois semaines... j'ai été présentée à Madame un mardi... au moment où sa couturière venait de lui apporter trois robes charmantes!

DE MONTMORIN.

Trois robes à la fois!

BABET.

Et j'ai été admise le lendemain... Madame était de bonne humeur; sa marchande de modes lui avait fait un turban délicieux... et qui lui allait!..

DE MONTMORIN.

Encore! un turban avec ses accessoires!.. un genre de coiffure que je déteste!.. mais voilà bien madame de Montmorin!.. sa coquetterie effrénée me ruinera!

BABET.

Oh! Monsieur le comte...

DE MONTMORIN.

Et je suis bien aise d'apprendre...

BABET.

Est-ce que vous ne le saviez pas?

DE MONTMORIN.

Comment supposer qu'en mon absence, lorsque je suis occupé à remplir une grave mission...

BABET.

Madame était bien obligée de se distraire... ça faisait compensation, ça rétablissait l'équilibre... (*A part.*) Lui qui est si fort sur l'équilibre! (*Haut.*) Elle allait au bal... avec ces demoiselles...

DE MONTMORIN.

Il paraît que ces dames s'entendent à merveille!

BABET.

Pas du tout, au contraire.

DE MONTMORIN.

Il y a entre elles des discussions?

BABET.

A la journée... c'est tout simple. (*Baissant le ton.*) Elles ne peuvent pas se souffrir!

DE MONTMORIN.

Ah! bah!

BABET, *à part.*

Tiens! il ne le savait pas!

DE MONTMORIN.

Et qui te fait penser?...

BABET.

Air de l'*Homme vert.*

Je ne sais si je dois vous dire

MONTMORIN.

Quoi donc?

BABET.

Toute la vérité...

DE MONTMORIN.

Certainement!.. je le désire;
Tu peux, en toute liberté,
T'expliquer sur nous, sur les nôtres;
Moi, la franchise me ravit:
J'aime à retrouver chez les autres,
Ce que mon état m'interdit.

BABET.

Eh bien! Monsieur, je me dis dans mon gros bon sens, que trois femmes jeunes et jolies, qui sont toujours appelées à briller dans les mêmes salons, ne peuvent pas longtemps être d'accord.

DE MONTMORIN.

C'est juste; ce sont trois puissances rivales qui aspirent à dominer, chacune veut primer l'autre... ce sont d'abord des gracieusetés, des prévenances, des sourires... puis, peu à peu, on s'aigrit, on se fâche, et l'on arrive à l'état de guerre.

BABET.

On y est arrivé.

DE MONTMORIN.

Comment rétablir la paix entre elles?

BABET.

En les séparant.

DE MONTMORIN.

Mais le moyen?

BABET.

Est-ce qu'il n'y en a pas deux à marier?

DE MONTMORIN.

Au fait, c'est une idée.

BABET, *à part.*

Il n'est pas si fort que je croyais.

DE MONTMORIN.

Je commencerais par ma nièce... et si je pouvais lui trouver... sur-le-champ...

BABET.

Rien de plus aisé.

DE MONTMORIN.

Comment?

BABET.

Je suppose, d'après certains indices, qu'elle a un amour dans le cœur.

DE MONTMORIN.

Tu t'y connais donc?

BABET.

Dame! comme tout le monde... quand on a lu des romans...

DE MONTMORIN.

Ça peut nous servir... j'étais loin, ma foi, de soupçonner...

BABET, *à part.*

Et voilà ce qu'on appelle un diplomate? (*Elle remonte le théatre et s'occupe de desservir le déjeuner pendant toute la scène suivante.*)

SCENE VII.

LES MÊMES, HORTENSE, *puis* EDOUARD.

DE MONTMORIN, *à part.*

Je ferai mon profit de ce qu'elle vient de me dire. *Voyant entrer sa nièce.* C'est toi, Hortense?

HORTENSE, (*entrant de droite.*)

Pardon, mon oncle, je vous dérange peut-être?

DE MONTMORIN.

Du tout!.. j'ai fini de déjeuner... et je suis charmé de pouvoir te parler sans témoin... (*Babet sort par la gauche.*) Est-ce que tu me gardes rancune?

HORTENSE.

De ce que m'a dit ma cousine? je ne suis pas si injuste!.. je ne vous confonds pas dans notre querelle... je sais que vous avez la bonté de penser à moi, que vous y pensez toujours...

DE MONTMORIN.

C'est vrai... et si je ne te donne pas la robe en question...

HORTENSE.

Quoi, mon oncle?

DE MONTMORIN.

Je te donnerai mieux que cela... un mari.

HORTENSE, *avec émotion.*

Un mari?.. Est-ce que vous avez fait un choix pour moi?

DE MONTMORIN.

Du tout: c'est toi que je veux consulter.

HORTENSE.

Quoi, mon oncle?..

DE MONTMORIN.

Je n'entends contrarier en rien tes idées, tes préférences... parle-moi sincèrement, comme à un ami.

HORTENSE.

Que de bonté!.. croyez que ma reconnaissance...

DE MONTMORIN.

Nous y reviendrons plus tard... occupons-nous d'abord du prétendu.

ROBERT, *ouvrant la porte du fond.*

Monsieur Edouard de Méséritz!

DE MONTMORIN, *se retournant.*

Hein?

HORTENSE, *à de Montmorin.*

Notre nouveau docteur, celui qui donne des soins à ma tante.

ÉDOUARD, *s'inclinant.*

Monsieur le comte...

DE MONTMORIN.

Je vous connaissais déjà de réputation, Monsieur, et je sais tout le bien qu'on dit de vous.

HORTENSE.

On n'en dit pas encore assez.

ÉDOUARD.

Mademoiselle...

HORTENSE.

Vous ne m'empêcherez pas de proclamer la vérité. Figurez-vous, mon oncle, que M. Édouard, qui appartient à une famille distinguée, qui a une grande fortune, qui aurait pu vivre à ne rien faire, a voulu travailler comme s'il y était obligé, se livrer tout entier à la science, et qu'il est parvenu à s'y faire un nom, une seconde noblesse, qu'il ne devra qu'à lui seul.

DE MONTMORIN.

C'est la vraie, c'est la bonne, la noblesse du talent : on n'en reconnaît plus d'autre... Monsieur comprend son siècle.

Air de *Madame Favart*.

On place, aujourd'hui, l'homme utile,
Riche de services rendus,
Au-dessus du baron, vieux style,
Riche d'aïeux qui ne sont plus.
Celui qui des maux nous délivre,
Doit être, sous tous les rapports,
Plus noble, par ceux qu'il fait vivre,
Que l'autre par ceux qui sont morts.

ÉDOUARD.

C'est trop d'indulgence, et je ne mérite pas...

HORTENSE, *à son oncle.*

Vous le voyez, modeste par-dessus le marché!.. une qualité de plus!.. il les a toutes!

ÉDOUARD.

Pardon... mais votre tante était un peu souffrante quand je l'ai quittée, et si monsieur le comte veut le permettre...

DE MONTMORIN.

Certainement... un médecin se doit, avant tout, à ses malades... Allez, Monsieur, je vous en prie. *(Édouard rentre à droite.)*

SCENE VIII.

DE MONTMORIN, HORTENSE, *puis* BABET.

DE MONTMORIN, *les suivant des yeux.*

Je sais maintenant à quoi m'en tenir. *(A Hortense, qui revient près de lui.)* Je n'ai plus besoin de t'interroger.

HORTENSE.

Comment cela?

DE MONTMORIN.

J'ai tout deviné : Je connais celui que tu aimes.

HORTENSE.

Quoi! vous sauriez?..

DE MONTMORIN.

Oui... et si je te le donne pour mari?

HORTENSE.

Il faudra bien que je l'accepte.

DE MONTMORIN.

Je n'attendais pas de ta part moins de docilité. *(Baissant la voix.)* Et, maintenant, tu peux tout me dire... As-tu quelquefois encouragé ses espérances?

HORTENSE.

Moi!.. mon oncle?

DE MONTMORIN.

Quand le cœur est pris, on devient moins sévère, et...

HORTENSE, *avec étonnement.*

Daignez m'expliquer.

DE MONTMORIN.

Il t'a sans doute écrit?..

HORTENSE.

Jamais!

DE MONTMORIN.

Et tu n'as pas reçu ses visites, le soir... un peu tard, peut-être...

HORTENSE.

Par exemple!

DE MONTMORIN.

Allons!.. *(A part.)* Ce n'est pas elle... il est inutile d'insister.

HORTENSE.

Vous dites, mon oncle?

DE MONTMORIN.

Rien, mon enfant... laisse-moi... j'arrangerai cette affaire-là.

HORTENSE.

Ainsi, je peux compter?..

DE MONTMORIN.

Oui... tu peux compter sur ma promesse.

HORTENSE, *à part, en s'en allant.*

Je n'aurais jamais osé lui avouer... quel bonheur qu'il ait deviné! *(Elle sort.)*

DE MONTMORIN, *à part.*

Mais pour qui diable était cette lettre?

BABET, *qui est entrée plusieurs fois pendant la scène, s'approchant du comte.*

Eh bien, Monsieur?..

DE MONTMORIN.

Je suis sur la voie... tu avais raison... ma nièce aime quelqu'un.

BABET.

Quand je vous le disais!

DE MONTMORIN.

C'est M. Édouard.

BABET, *étonnée.*

M. Édouard!

DE MONTMORIN.

Eh! oui, le jeune médecin.

BABET, *à part.*

Ah çà, mais, il ne sait donc pas?.. que c'est l'autre...

DE MONTMORIN.

Ma foi, je suis décidé à consentir.

BABET.

Permettez, Monsieur...

DE MONTMORIN.

Je sais ce que j'ai à faire.

BABET.

C'est que pourtant...

DE MONTMORIN.

Fais-moi grâce de tes réflexions.

BABET, *à part.*

Ah! dame! s'il veut aller tout seul!

SCENE IX.

LES MÊMES, ÉDOUARD.

ÉDOUARD, *paraissant à la porte de droite.*

Babet, je vous avais dit d'avoir de l'éther.

BABET.

Oui, Monsieur. (*Elle sort par le fond.*)

DE MONTMORIN, *à Édouard.*

Vous n'êtes pas inquiet, docteur?

ÉDOUARD.

Du tout, monsieur le comte.

DE MONTMORIN.

Deux mots, s'il vous plaît.

ÉDOUARD, *venant en scène*

De quoi s'agit-il, monsieur le comte?

DE MONTMORIN.

D'un secret qui vous intéresse.

ÉDOUARD.

Un secret?

DE MONTMORIN.

Oh! avec moi, il est inutile de feindre, il me suffit d'un regard, d'un geste, du plus léger indice... (*Baissant la voix.*) Il est en ces lieux une personne que vous aimez.

ÉDOUARD.

Moi?.. Vous supposeriez...

DE MONTMORIN.

Pourquoi ce trouble?.. A votre âge ce n'est point un crime... je vous excuse... Je ferai plus : je ne m'oppose point à cet amour.

ÉDOUARD.

Ah! Monsieur, tant de bonté...

DE MONTMORIN.

Ne doit pas vous surprendre... quand on a votre mérite... et je m'applaudis de vous donner cette marque de mon estime. Soyez heureux, soyez l'époux d'Hortense.

ÉDOUARD.

De votre nièce?

DE MONTMORIN.

Sans doute... et je réalise un espoir...

ÉDOUARD.

Que je n'ai jamais conçu; je ne le pouvais pas, je ne le devais pas.

DE MONTMORIN.

Comment?

ÉDOUARD.

Ce serait assurément beaucoup d'honneur... mais ce mariage est impossible.

DE MONTMORIN, *élevant la voix.*

Songez-y, Monsieur,.. et si vous refusez...

ÉDOUARD.

Pardon... c'est malgré moi que je vous offense. Si vous saviez ce qu'il en coûte à mon cœur!.. Vous voyez ma confusion, mes regrets..

DE MONTMORIN.

Vous m'expliquerez du moins...

ÉDOUARD.

Plus tard... j'en aurai peut-être le courage; mais dans ce moment...

ROBERT, *entrant avec un flacon d'éther.*

Voici l'éther demandé.

ÉDOUARD.

Bien. (*Prenant le flacon.*) Donnez, donnez vite! (*Il s'élance rapidement dans l'appartement de la malade.*)

SCENE X.

DE MONTMORIN, ROBERT.

DE MONTMORIN.

Il m'échappe!.. Qu'est-ce que cela signifie? Voilà mes soupçons qui me reviennent!..

ROBERT.

Quel dévoûment!.. Si Madame ne va pas mieux ce n'est pas la faute du médecin.

DE MONTMORIN.

Tu crois?

ROBERT.

Il y met un empressement, un zèle...

DE MONTMORIN.

Il vient souvent, à ce qu'il paraît.

ROBERT.

A chaque instant... le matin, le soir... il ne bouge pas d'ici.

DE MONTMORIN.

En vérité?

ROBERT.

On me l'envoie chercher quand il ne vient pas.

DE MONTMORIN, *s'oubliant.*

C'est étrange!..

ROBERT.

Je n'y avais pas pensé... mais, Monsieur... tout de suite... rien ne lui échappe.

DE MONTMORIN.

Qu'est-ce que tu dis?..

ROBERT.

Je dis que Monsieur a un coup-d'œil...

Air du *Charlatanisme.*

J'en suis vraiment dans la stupeur!
Mon âme interdite, étonnée...

DE MONTMORIN, *lui faisant signe de a main.*

Bien... hier, ici, le docteur
Etait venu dans la journée?

ROBERT.

Oui.

DE MONTMORIN.

Le soir?..

ROBERT.

J' suis allé le chercher.

DE MONTMORIN.

Il a prolongé ses visites?..

ROBERT.

Tard... Il est resté sans broncher...

DE MONTMORIN.

Jusqu'à minuit?

ROBERT.

Dam! j' suis allé m' coucher...
Mais, ça doit êtr', puisque vous l' dites.

DE MONTMORIN.

Imbécile!

ROBERT, *à part.*

Il a un tact, une pénétration!..

DE MONTMORIN, *à mi-voix.*

Et en mon absence, tu n'as rien remarqué d'extraordinaire?

ROBERT.

Non... Seulement, l'autre jour...

DE MONTMORIN.

Eh bien! l'autre jour?

ROBERT, *avec embarras.*

C'est que je ne sais s'il est convenable...

DE MONTMORIN.

Parle!.. c'est ton devoir, serviteur fidèle, dis-moi tout ce que tu as vu.

ROBERT.

Je n'ai rien vu, mais j'ai entendu...

DE MONTMORIN.

Quoi?

ROBERT.

D'abord, une porte que l'on ouvrait tout doucement sur le couloir...

DE MONTMORIN.

Par là?

ROBERT.

Oui!.. On a filé sans faire de bruit; puis une voix... celle de Madame... a dit : Revenez demain, mais faites en sorte que mon mari ne se doute de rien.

DE MONTMORIN.

Tu as entendu cela?

ROBERT.

Et autre chose encore...

DE MONTMORIN.

Quoi donc?

ROBERT.

Une autre voix qui a répliqué : « A demain donc!.. »

DE MONTMORIN.

C'était la voix... d'un jeune homme?

ROBERT, *faisant un signe de tête affirmatif.*

Oui, une voix douce... J'avais même pris ça pour une voix de femme, mais Monsieur ne s'y trompe pas.

DE MONTMORIN, *avec impatience.*

Assez!

ROBERT.

Pardon!.. ce que j'en dis, c'est pour être agréable à Monsieur.

DE MONTMORIN, *lui montrant de la main la porte du fond.*

Assez, vous dis-je!.. Vous reviendrez quand on vous sonnera.

ROBERT, *s'inclinant.*

Oui, monsieur le comte. (*A part.*) Il a l'air étonné... cependant c'est pas du nouveau... Lui qui a parcouru toute l'Europe, il doit avoir vu une foule de maris qui... (*Voyant de Montmorin qui lui montre de nouveau la porte.*) Oui, monsieur le comte. (*Il sort.*)

SCENE XI.

DE MONTMORIN, *puis* ANAIS.

DE MONTMORIN.

Je me suis retenu pour ne pas éclater devant ce valet, pour ne pas être ridicule... car, après tout, je n'ai que des soupçons *très vagues*. D'un autre côté, cette lettre, qui paraît trop claire, et qu'il est si difficile d'expliquer... diplomatiquement... je n'ai qu'un moyen de m'éclairer, c'est de pénétrer à l'improviste chez ma femme, pendant que le docteur y est encore, et je parviendrai sans doute à connaître... (*Il se dirige vivement vers la porte, à droite.*)

ANAÏS, *l'arrêtant.*

Qu'est-ce que vous faites? où allez-vous?

DE MONTMORIN.

Parbleu, chez ma femme!

ANAÏS.

Est-ce que vous y pensez?... elle ne veut, elle ne peut voir personne.

DE MONTMORIN.

Mais ce monsieur qui est là-dedans?

ANAÏS.

Ça ne compte pas... c'est son médecin... un jeune homme rempli de talents... Aussi, elle a en lui une confiance!..

DE MONTMORIN.

Que je ne partage pas, ni toi non plus, car je t'ai entendu t'exprimer sur ce jeune homme avec une aigreur...

ANAÏS.

Quand donc?

DE MONTMORIN.

Ce matin, à mon arrivée...

ANAÏS.

Ah! oui, ce matin, j'étais irritée contre lui, et il y avait de quoi. C'était à cause de ce bouquet... vous savez... non, vous ne savez pas. C'était l'autre soir... pendant le bal, un bouquet charmant, où il y avait un camélia magnifique... ma fleur de prédilection.

DE MONTMORIN.

Eh bien!

ANAÏS.

Ce bouquet a été remis à ma cousine, mais il n'était pas pour elle ; il m'était destiné... c'était une erreur. Voilà pourquoi j'étais furieuse contre M. Edouard ; je le détestais par dépit, je le haïssais à la mort, et maintenant que tout est éclairci, que je sais qu'il est innocent...

DE MONTMORIN.

Vous l'aimez peut-être ?

ANAÏS.

Plus que je ne saurais vous dire.

DE MONTMORIN.

Il ne manquait plus que ça ! une passion aussi subite...

ANAÏS.

Oh ! ce n'est pas d'aujourd'hui.

DE MONTMORIN.

Je comprends... vous étiez d'accord... une intrigue secrète que mon retour contrariait... il vous aura écrit à cette occasion, n'est-ce pas ?

ANAÏS.

Non, mon père.

DE MONTMORIN.

Comment, il ne vous a pas écrit ?

ANAÏS.

Non, mon père.

DE MONTMORIN, *s'emportant.*

Mais ce serait bien pire encore, ce serait affreux !

ANAÏS.

Ne vous fâchez pas pour ça, et si vous le voulez absolument...

DE MONTMORIN, *de même.*

Eh ! non, morbleu ! je ne le veux pas ; je ne cherche que la vérité. (*A part.*) Et ne pas pouvoir la découvrir tout entière... tenir le fil, et le voir à chaque instant se rompre !.. Ah ! je suis d'une fureur...

ANAÏS.

Quels yeux vous me faites !.. Qu'est-ce que vous avez donc contre M. Edouard ?

DE MONTMORIN.

J'ai... qu'il ne peut être votre époux, qu'il ne faut plus penser à lui.

ANAÏS.

Ne plus penser à lui !

DE MONTMORIN.

Je vous l'ai dit... j'ai d'autres vues, d'autres projets.

ANAÏS.

Ce serait si convenable ! un jeune homme de tant d'avenir !

DE MONTMORIN.

Allons donc !

ANAÏS.

Sans compter que ma belle-mère est accoutumée à ses soins, qu'elle pourrait sans cesse l'avoir près d'elle.

DE MONTMORIN.

Je lui choisirai un autre médecin.

ANAÏS.

Elle n'en voudra pas.

DE MONTMORIN.

C'est ce que nous verrons !

ANAÏS.

Mon père !..

DE MONTMORIN.

C'est inutile. (*A part.*) Il faut que je l'éloigne de la maison sans bruit, sans scandale... que je m'en débarrasse à tout prix.

ANAÏS, *à part.*

Mon Dieu ! qu'est-ce qui peut l'agiter ainsi ?

SCENE XII.

LES MÊMES, HORTENSE.

DE MONTMORIN, *à Hortense.*

Vous arrivez à propos, Mademoiselle... j'ai justement à vous parler.

HORTENSE, *à part.*

Déjà !

DE MONTMORIN.

Je veux terminer ce qui vous regarde... je vous donne une dot.

HORTENSE.

Vous êtes bien bon.

DE MONTMORIN.

Une belle dot.

ANAÏS, *à part.*

Elle est bien heureuse !

DE MONTMORIN.

Je vous donne un mari.

HORTENSE.

Merci, mon oncle !

ANAÏS, *à part.*

Oh oui ! elle est bien heureuse !

DE MONTMORIN.

Et tout cela à une seule condition, c'est que vous vous en irez un peu loin... à Marseille... en Italie, en Espagne... où vous voudrez avec M. Édouard.

HORTENSE ET ANAÏS.

M. Édouard !

DE MONTMORIN, *à Hortense.*

Ne m'avez-vous pas dit que vous l'aimiez ?

ANAÏS.

Comment, Mademoiselle ?

HORTENSE, *à de Montmorin.*

Moi !..... mais vous vous êtes trompé !..... M. Édouard... je ne l'aime pas !..

DE MONTMORIN.

Vous l'épouserez tout de même !..

HORTENSE.

Non, mon oncle.

DE MONTMORIN.

Et qu'est-ce que vous voulez donc ?

HORTENSE.

Je ne veux pas me marier.

ANAÏS.

Ni moi non plus.

DE MONTMORIN.

Oui dà?..

HORTENSE.

C'est un parti pris.

ANAÏS.

Irrévocable.

DE MONTMORIN.

Auquel vous renoncerez.

HORTENSE.

J'espère qu'on n'essaiera pas de nous contraindre?..

ANAÏS, *tendant la main à Hortense.*

Nous serons deux pour résister.

DE MONTMORIN, *à part.*

Il ne manquait plus que cela : une coalition dans ma famille!.. ce ne sera pas la première que j'aurai dissoute. (*D'un ton sévère.*) Retirez-vous, Mesdemoiselles.

ENSEMBLE.

Air des *Tambours de la garde.*

DE MONTMORIN.

Partez, pour ne pas ajouter
A ma colère,
Au moins, j'espère,
Qu'on n'osera pas résister
Aux ordres que je vais dicter.

HORTENSE ET ANAÏS.

Sortons, pour ne pas augmenter
Cette colère,
Mais mon/ton père
N'y saurait longtemps persister,
Et sa bonté doit l'emporter.

(*Hortense et Anaïs sortent.*)

SCÈNE XIII.

DE MONTMORIN, BABET.

BABET.

Eh bien ! Monsieur?..

DE MONTMORIN.

Pas plus avancé que ce matin..... peut-être moins.

BABET.

Ah bah!..

DE MONTMORIN.

Le mystère semble s'épaissir autour de moi.

BABET, *à part.*

Décidément, il n'est pas fort!..

DE MONTMORIN.

Moi, qui souvent ai tenu dans ma main les secrets de toute l'Europe, il y en a un chez moi que je ne puis saisir.

BABET.

Il y a peut-être quelqu'un qui vous aiderait à l'attraper?..

DE MONTMORIN.

Qui donc?..

BABET.

Robert... le valet de chambre... Il prétend qu'il sait tout ce qui se passe ici.

DE MONTMORIN.

Il est bien heureux, celui-là!..

BABET.

Oh! oui... car il dit que ça lui rapporte vingt francs par jour!..

DE MONTMORIN.

Je donnerais davantage pour savoir la vérité ; mais le mensonge se paie plus cher... Si je l'interroge, il mentira ; comment l'en empêcher?..

BABET.

C'est facile... Il a, entre nous, une assez pauvre tête... et si vous voulez vous en rapporter à moi...

DE MONTMORIN.

A toi?..

BABET.

J'ai une recette sûre...

DE MONTMORIN.

Allons donc!..

BABET.

Infaillible.

DE MONTMORIN.

A d'autres!..

BABET.

Qu'est-ce que vous risquez d'en essayer?

DE MONTMORIN, *à part.*

Au fait... personne ne saura...

BABET, *jetant les yeux vers la porte du fond et voyant arriver Robert.*

Précisément, le voilà!..

DE MONTMORIN.

Qu'est-ce que tu veux que je fasse?..

BABET.

Dites tout haut : « Babet, je te donne vingt-« cinq louis, sans compter le double, que je te « promets...

DE MONTMORIN,

Ah çà, dis donc!..

BABET.

Ce n'est pas trop. (*Continuant sur le même ton.*) « Pour le moyen infaillible que tu viens de m'in-« diquer de savoir tout ce qui se passe chez moi. » (*Voyant que Robert est entré, à mi-voix.*) Il est là, Monsieur, il nous entend!..

DE MONTMORIN, *à mi-voix.*

Eh bien!.. (*Élevant la voix et lui montrant une bourse.*) « Babet, voici vingt-cinq louis que « je te donne...

BABET, *prenant la bourse.*

Donnez-les. (*A mi-voix.*) « Sans compter le « double, que je te promets...

DE MONTMORIN, *à haute voix.*

« Sans compter le double que je te promets,

« pour le moyen infaillible que tu viens de m'in-« diquer de savoir tout ce qui se passe chez moi. »

BABET.

Merci, Monsieur.

DE MONTMORIN, *à mi-voix.*

Et le moyen, maintenant?

BABET, *de même.*

Voilà!.. Du moment qu'il croit que vous le possédez, c'est comme si vous l'aviez...

DE MONTMORIN, *de même.*

C'est juste. (*A part.*) Elle raisonne mieux qu'un académicien.

BABET, *à mi-voix.*

Voyez plutôt comme il est troublé.

SCENE XIV.

LES MÊMES, ROBERT.

DE MONTMORIN, *d'un ton sévère.*

Approchez, Monsieur, nous avons un compte à régler ensemble.

ROBERT, *troublé.*

Monseigneur...

DE MONTMORIN.

Ne cherchez point à m'abuser... j'ai une recette immanquable pour découvrir ceux qui me trompent... et c'est par vous que je vais commencer.

ROBERT, *d'une voix tremblante.*

Comme... Monseigneur... paraît irrité!..

DE MONTMORIN.

Parce que j'ai le droit de l'être!.. Il y a trop longtemps que cela dure!..

BABET, *à Robert.*

Monsieur le comte sait tout.

DE MONTMORIN.

Oui, je sais tout... et vous n'avez qu'un moyen de mériter mon indulgence et d'obtenir votre grâce, c'est de tout m'avouer.

ROBERT.

O Ciel!..

BABET, *à Robert, à mi-voix.*

Courage!

DE MONTMORIN.

Il est surtout une chose que je tiens à apprendre de votre bouche.

ROBERT.

Quoi donc, Monseigneur?

DE MONTMORIN.

Je vous le dirai quand nous y serons.

BABET, *à part.*

Très-bien! (*A mi-voix, à Robert.*) Tu n'as de salut que dans ta franchise.

ROBERT, *avec hésitation.*

C'est que... je ne sais trop par où commencer.

DE MONTMORIN.

Peu importe!

ROBERT.

Pour lors... vous savez, ce vin... qui ne vous coûtait rien... il n'y en avait que cinquante bouteilles... Vous appelez ça du johannisberg?

DE MONTMORIN.

Le nectar de la diplomatie... Tu l'as bu, drôle?

ROBERT.

Pas tout à fait, Monseigneur... J'ai vendu... ce que je n'ai pas pu boire.

DE MONTMORIN, *en colère.*

Tu mériterais bien... (*Se calmant.*) Mais ce n'est pas ça!

ROBERT.

Alors, c'est peut-être l'aventure de l'autre semaine... Qui est-ce qui se serait attendu à cela?

DE MONTMORIN.

Oh! vous auriez bien dû vous en douter.

BABET, *à part.*

Très bien!

ROBERT.

De quoi, Monseigneur?

DE MONTMORIN.

Il te sied bien de m'interroger!

ROBERT.

Pardon! c'est vous que je fais juge de la chose. On vient me prier de ne pas fermer, à la chute du jour, la petite porte du parc... Je n'y vois pas d'inconvénient, et j'accepte une pièce d'argent que l'on me glisse dans la main...

DE MONTMORIN.

Par exemple!.. Quel est l'audacieux qui s'est introduit chez moi, la nuit, en mon absence?

ROBERT.

Hélas! je ne sais pas son nom; mais quand j'ai vu le lendemain ce qui était arrivé...

DE MONTMORIN.

Quoi?

ROBERT.

Vous le savez bien.

BABET.

Sans doute!

ROBERT.

Qu'on avait tendu des lacets dans les fourrés; c'était un braconnier qui avait fait main-basse sur tout le gibier.

DE MONTMORIN.

Ouf! je respire!

ROBERT.

Il ne reste plus dans le parc un seul lapin... Heureusement que Monseigneur ne chasse pas.

DE MONTMORIN.

C'est toi, que je devrais chasser... et je n'y manquerai pas si tu ne me fais pas ta confession tout entière.

ROBERT.

Ce n'est donc pas encore ça?

DE MONTMORIN.

Non, sans doute!

ROBERT.

Hélas! je n'ai plus qu'une chose sur la conscience, une seule.

DE MONTMORIN.

En es-tu bien sûr?

ROBERT.

Je le jure.

DE MONTMORIN.

Pas de serments! je sais ce que ça vaut.

ROBERT.

Donc, samedi dernier, j'étais allé déjeuner avec Wilhem, le domestique de confiance de ce baron allemand, un des confrères de Monseigneur... Nous avions apporté chacun notre bouteille.

BABET.

De johannisberg.

ROBERT.

Lui, c'était du constance... il le préfère... A la fin du repas, Wilhem m'a dit : « Si tu veux écrire, « heure par heure, ce qui se passera dans la mai- « son de ton maître, je te ferai donner vingt francs « par jour par le mien. »

DE MONTMORIN, *à part.*

Oh! oh! le confrère est curieux.

BABET, *à mi-voix.*

Qu'est-ce qu'il voulait faire de ça?

DE MONTMORIN, *de même.*

De la diplomatie intime... ça sert quelquefois... (*Haut, à Robert.*) Eh bien! ce rapport?.. tu l'as commencé?

ROBERT.

Hier seulement, la veille de l'arrivée de Monseigneur.

DE MONTMORIN.

Je veux le voir.

ROBERT.

C'est que...

DE MONTMORIN, *d'un ton ferme.*

Je le veux!

ROBERT.

Voici, Monseigneur.

DE MONTMORIN.

Prends, Babet. (*A part.*) Enfin, je vais savoir ce qui se passe chez moi, grâce à un confrère qui a payé pour ça.

ROBERT.

Je réclame l'indulgence de Monseigneur pour le français... j'avais écrit pour un Allemand.

DE MONTMORIN.

Je t'en dirai tout à l'heure mon opinion... Allons, va-t-en!.. (*Robert sort par le fond.*)

SCENE XV.

DE MONTMORIN, BABET.

BABET, *ouvrant le papier que lui a remis Robert.*

Je vas vous lire ça, Monsieur. (*Lisant.*) « Journal de tout ce qui s'est passé chez Monsieur. Le « 1er avril, à onze heures, Madame s'est levée, ainsi « que ces demoiselles... elles étaient de mauvaise « humeur, ce qui ne les a pas empêchées de dé- « jeuner, au contraire... elles n'ont ouvert la bou- « che que pour manger.

DE MONTMORIN.

Après?

BABET.

« Mademoiselle Hortense est allée se promener « au bout de la grande allée... à midi un quart... « elle regardait sans cesse quelque chose qu'elle « tenait dans sa main... je ne sais pas ce que c'é- « tait...

DE MONTMORIN.

Après?

BABET.

« A six heures, monsieur le docteur a paru dans « le petit salon, où je venais d'allumer deux bou- « gies; j'y suis rentré un instant après: on avait « soufflé les bougies, et j'ai entendu comme un « frôlement de robe; mais je n'ai rien vu...

DE MONTMORIN.

Ça m'avance bien!

BABET.

« Madame, qui était sortie à deux heures, est « rentrée à quatre... j'ai abaissé le marche-pied du « carrosse, et pour lors, elle est descendue... elle « avait laissé tomber un papier; j'allais m'en em- « parer, mais mademoiselle Anaïs l'a ramassé sans « faire semblant de rien...

DE MONTMORIN.

Et la suite?

BABET.

Il n'y en a pas; c'est tout. (*Retournant la page.*) Attendez... (*Continuant de lire.*) « A neuf heu- « res, les portes de la maison étaient fermées, on « était censé dormir; j'ai écouté, et j'ai cru enten- « dre Babet qui disait...

DE MONTMORIN.

Hein? (*Prenant le papier des mains de Babet.*)

BABET, *avec un peu d'embarras.*

Monsieur!..

DE MONTMORIN, *lisant à son tour.*

« Babet qui disait: Si ça se peut, faudra frapper « trois coups. » (*La regardant.*) Pourrais-tu m'expliquer...

BABET.

Moi?.. je ne sais pas ce qu'il veut dire.

DE MONTMORIN.

Tu conviendras au moins qu'il est étrange... (*Continuant.*) « 2 avril: Monsieur est arrivé « gros et gras... et cependant il a voulu se mettre « à table. (*S'interrompant.*) En vérité?.. (*Lisant.*) « Par exemple, il n'a rien mangé. Tout était dé- « testable. On sera obligé de renvoyer la cuisi- « nière...

BABET.

Merci!

DE MONTMORIN, *continuant à demi-voix.*

« A midi, Monsieur m'a appris ce dont je ne me « doutais pas; que le docteur était l'amant de sa

« femme. » Imbécile!.. (*Il froisse le papier et le déchire.*)

BABET.

Que faites-vous?

DE MONTMORIN.

Voilà un rapport qui ne peut me servir à rien!

BABET.

Au contraire; il peut vous être fort utile...

DE MONTMORIN.

Avec des renseignements aussi incomplets?..

BABET.

Eh! mon Dieu! avec le commencement d'un secret, il est aisé de forcer les gens à dire le reste.

DE MONTMORIN, *à part.*

Elle a, ma foi, raison!.. Cette fille-là est étonnante!.. elle fait de la diplomatie sans s'en douter; c'est l'air qu'on respire à ma cuisine.

SCENE XVI.

LES MÊMES, ANAIS, HORTENSE, ÉDOUARD.

ANAÏS, *à Hortense et à Édouard.*

Mon père est furieux contre nous!

ÉDOUARD.

Comment faire pour l'apaiser?

HORTENSE.

Ce ne sera pas facile.

DE MONTMORIN.

Il paraît que ma présence vous embarrasse... je le conçois: j'aurais lieu de me plaindre et de vous adresser des reproches...

ANAÏS.

Mon père!

DE MONTMORIN.

C'est par ma nièce que je commencerai... (*A Hortense.*) Approchez, Mademoiselle!..

HORTENSE, *à part, avec émotion.*

Que va-t-il me dire?

DE MONTMORIN.

Vous avez cru, parce que j'étais loin, que j'ignorerais ce qui se passait ici; mais apprenez que, même absent, je suis auprès de vous... et je vous voyais, Hortense, lorsqu'hier, à midi et un quart vous vous promeniez à l'extrémité de la grande allée, en regardant sans cesse dans votre main...

HORTENSE.

C'est vrai... une petite miniature que j'avais faite de mémoire... le portrait de monsieur Frédéric.

DE MONTMORIN.

Ce jeune secrétaire d'ambassade?..

HORTENSE.

Oui, mon oncle... il m'aime; il l'a dit à ma tante; je l'ai cru... Puis, nous nous somme fachés... un malentendu... un peu de coquetterie de ma part... mais, tout s'est éclairci... et il n'y a plus entre nous le plus léger nuage.

DE MONTMORIN.

Je le savais!

ÉDOUARD.

Quel homme!

BABET, *à part.*

Il va pas mal!

DE MONTMORIN, *à Édouard.*

Quant à vous, Monsieur, lorsque hier à six heures, dans le petit salon, vous avez soufflé les bougies, croyez-vous que l'obscurité m'ait empêché de voir avec qui vous étiez?

ÉDOUARD.

Ah! Monsieur, je suis coupable... vous m'aviez offert la main de votre nièce...

DE MONTMORIN.

Pour vous éprouver, Monsieur.

ÉDOUARD.

Je n'ai pas osé vous dire que mes vues se portaient plus haut encore et que j'aimais votre fille.

ANAÏS.

Je vous l'avais dit, mon père.

DE MONTMORIN.

En effet... je le savais.

BABET, *à part.*

Il va très bien!..

DE MONTMORIN, *à Anaïs.*

Mais, ce que vous ne m'avez pas dit, Mademoiselle, c'est ce que contenait le papier que vous avez ramassé hier, à quatre heures, en revenant de la promenade!..

ANAÏS.

Ce n'était pas mon secret, mon père.

DE MONTMORIN.

Je le sais... c'était celui de votre belle-mère.

ANAÏS.

Vous n'ignorez pas que nous sommes mal ensemble, et j'aurais craint de trahir un secret qu'elle jugeait à propos de vous cacher.

DE MONTMORIN.

Cette réserve est maintenant inutile... donnez!..

ANAÏS.

C'est à regret que j'obéis.

DE MONTMORIN.

Je l'exige... (*Il prend des mains d'Anaïs un papier qu'elle lui remet. A part.*) Je vais donc connaître mon sort!.. (*Le dépliant.*) Lisons ce billet... O ciel! il y en a deux!.. (*D'une voix éteinte.*) Voyons la signature!.. trois mille cinq cents francs!... c'est le mémoire de la marchande de modes!

ANAÏS.

Sans doute!..

DE MONTMORIN.

Quatre mille francs!.. c'est celui de la couturière... Fatale vérité! tu vas me coûter cher!..

ANAÏS.

Il y a eu tant de bals cette année!..

ÉDOUARD.

Madame la comtesse avait tant besoin de se distraire, à cause de ses maux de nerfs!..

DE MONTMORIN.

Je comprends, l'intérêt de sa santé... (*Regardant le mémoire.*) Trois mille cinq cents francs!

ANAÏS.

Et l'éclat du nom qu'elle porte qu'il lui fallait soutenir!

DE MONTMORIN, *regardant le deuxième mémoire.*

Quatre mille francs! Allons, il fraudra payer. (*A part.*) Trop heureux encore d'en être quitte à ce prix-là!

BABET, *s'approchant, et à mi-voix.*

J'espère, Monsieur, que vous êtes content... vous n'avez plus rien à apprendre.

DE MONTMORIN, *de même.*

Rien, absolument. (*On entend frapper trois coups.*) Babet!

BABET, *troublée.*

Monsieur!..

DE MONTMORIN, *à mi-voix.*

Ceci te regarde... tu as entendu?.. parle! je sais tout!

BABET, *à mi-voix.*

Oh! Monsieur, c'est bon avec les autres; mais c'est pas à moi qu'il faut dire ça.

DE MONTMORIN, *de même.*

Eh bien! non... je ne sais pas... mais tu vas me dire, ou sinon...

BABET, *de même.*

Ne vous fâchez pas... voilà ce que c'est : Madame ne veut à son service que des bonnes non mariées...

DE MONTMORIN, *de même.*

Elle a raison.

BABET.

Or, moi, j'ai un mari... j'ai peut-être tort, mais on tient à ce qu'on a, bon ou mauvais... il vient me voir tous les jours.

DE MONTMORIN.

Comment!

BABET.

A quatre heures, pour que je lui donne à dîner.

DE MONTMORIN.

Je comprends.

BABET.

Et quand il vient le soir, personne ne le voit.

DE MONTMORIN.

Tu crois?

BABET,

Il a soin de s'en aller au point du jour.

DE MONTMORIN.

Je le savais.

BABET.

Ah! par exemple!

DE MONTMORIN, *lui montrant la lettre qu'il a trouvée dans le bureau.*

Tiens, lis!

BABET.

O ciel!.. (*A mi-voix.*) Pourquoi ne m'avoir pas dit?..

DE MONTMORIN.

J'ai voulu tendre un piége à ta franchise, et je suis content de l'épreuve... je t'emmènerai avec ton mari, quand je retournerai à mon ambassade... (*A part.*) Elle pourra quelquefois me donner des idées.

SCENE XVII.

LES MÊMES, ROBERT.

ROBERT.

Pardon, monsieur le comte, mais vous êtes si bon, si généreux...

DE MONTMORIN.

Que demandes-tu?

ROBERT.

Que vous me gardiez à votre service, et je renonce aux vingt francs par jour qu'on m'avait promis.

DE MONTMORIN.

Au contraire, je veux que tu continues de les gagner.

ROBERT.

Comment l'entendez-vous?

DE MONTMORIN, *à mi-voix.*

Tu feras chaque jour ton journal... seulement, je te dicterai ce que tu devras y mettre. (*A part.*) Le confrère en aura pour son argent.

ENSEMBLE DE COUDER.

Air :

ROBERT ET BABET.

Dieu! quel bonheur! (*bis.*)
Moi qui tremblais devant Monsieur
Je n'ai plus peur (*bis.*)
Il m'a rendu sa faveur!
Dieu! quel bonheur! (*bis.*)

ÉDOUARD, ANAÏS, HORTENSE.

Dieu! quel bonheur! (*bis.*)
Tout a changé de couleur!
Plus de frayeur,
Et notre cœur
N'a plus à craindre d'erreur!
Dieu! quel bonheur! (*bis.*)

DE MONTMORIN.

Dieu ! quel bonheur ! (*bis.*)
La paix rentre dans mon cœur !
Pour mon honneur
J'eus un peu peur,
Mais ce n'était qu'une erreur !
Dieu ! quel bonheur !

BABET, *au public.*

Air : *Vaudeville de la Haine d'une Femme.*

Vous avez vu c' qu'était notr' maître,
Et vous allez régler son sort;
Avec moi, vous direz peut-être;
Décidément, il n'est pas fort !
Mais, s'il n' paraît pas un hercule,
Diplomate, l'on doit savoir
Que par état il dissimule,
Ainsi, t'nez lui compt', sans scrupule,
De tout l'esprit qu'il doit avoir
Et qu'il n'aurait pas laissé voir.

FIN.

IMPRIMERIE HYDRAULIQUE DE VIALAT ET Cie, A LAGNY.

www.ingramcontent.com/pod-product-compliance
Lightning Source LLC
LaVergne TN
LVHW020634110826
845149LV00004B/1191

* 9 7 8 2 0 1 9 1 8 0 8 1 2 *